Nicole Durand

L'oiseau m'a dit...

FSC
www.fsc.org
MIXTE
Papier issu
de sources
responsables
Paper from
responsible sources
FSC® C105338

LE NID DE LA TOURTERELLE

La tourterelle, dans les boiseries
A confectionné son nid.
J'aperçois sa robe grise et blanche
Qui se détache, en ce dimanche.
Elle se met à roucouler
Et son chant m'a apaisée.
La tourterelle veille sur la maison
De son œil vif et rond.
Assise sur le divan, je la vois
Et mon cœur se remplit de joie.
Ce jour est important :
Myriam a accouché d'un divin chant.

LE COLIBRI

Son plumage éclatant
À lui seul est un chant.
Il habille la Martinique
De douce musique.
Cet oiseau-mouche
Vient déposer de sa bouche
Un baiser léger et tendre
Sur la fleur qui se laisse prendre.
Ce baiser d'oiseau
Rend notre séjour plus beau.

EN ATTENDANT L'OISEAU GÉANT

L'avion a du retard
Nous attendons au bar
Puis nous nous installons
Dans un confortable salon.
Une dame s'assied près de moi
Son bébé dans les bras.
Dylan, huit mois, me sourit
Et c'est ma joie d'aujourd'hui.
Il sourit tout le temps
Me dit sa maman
Son sourire est dans mon cœur
Et c'est tout mon bonheur.
Enfin Claire apparaît
Plus rayonnante que jamais.

L'ILE DE BEAUTÉ

Du hublot, on aperçoit la Corse brumeuse
Mystérieuse et montagneuse.
Le village de Furiani
Sur la crête est endormi.
La montagne verdoie
Et le soleil poudroie.
La Corse nous émerveille
Et met nos sens en éveil.
Mais souvent elle revêt son noir habit
Et dans le deuil s'appesantit.
Comme un oiseau blessé,
Ses larmes, elle va les cacher.

LES OISEAUX ET L'ARBRE

Les oiseaux habitent

Le pin parasol comme un gîte.

Cette voûte vibrante

Me ravit et m'enchante.

Elle habille le quartier

De sons de ramiers.

Au pied de l'arbre sonore

Le passant se dore.

RIEN QU'UNE VIE

Elle s'est approchée du comptoir

Elle a raconté son histoire :

Paysanne, quatre-vingts ans

Elle a élevé son petit enfant :

Les parents avaient divorcé

Elle s'en est occupée.

Il a vingt-six ans, il est si gentil

Elle vient déposer un chèque pour lui.

Une vie défile au comptoir

Ce n'est pas la mer à boire.

Telle une hirondelle

Elle part à tire d'aile.

LE BOUVREUIL

Sur la pelouse, la rosée
Scintille au soleil
D'un éclat mordoré.
Le bouvreuil toujours en éveil
Vient picorer
Les gouttelettes toutes pareilles
Cette pelouse éclate de beauté
De la nature, pure merveille.

APPLE, APPLE

Ne m'appelez pas Trei

Mais appelez-moi Apple

Mon cerveau veille

Il est en Apple

Il est tout pareil

À l'Apple

Même dans le sommeil

Je rêve d'Apple

Un oiseau m'éveille

Je crie : Apple, Apple

L'ALLÉE DES ROIS

Dans l'allée des rois
L'automne exulte de joie.
Elle éclate de mille feux
Dans ces feuillages heureux
Rouges ou mordorées
Les couleurs sont exaltées
Les oiseaux picorent
Ces feuilles d'or
Au bout du chemin, le château
Comme un merveilleux cadeau.

RENAISSANCE

Enfant à peine né
On voulait te faire disparaître.
Enfant mis de côté
Tu n'avais rien pour te reconnaître
Tu n'avais plus d'identité.
Mais tu t'es tourné vers le Maître
Et ta vie a été renouvelée.
Des fois la colère veut renaître
La frustration amène l'agressivité
Soubresauts de l'être.
Mais il a réparé ton passé
La colère est appelée à disparaître
Comme un oiseau qui vient de naître
Tu t'envoles vers l'éternité.

N comme nativité

« Il est né le divin enfant

Jouez hautbois, résonnez musettes »

O comme oiseaux

« Regardez les oiseaux du ciel, ils ne sèment ni ne moissonnent et ils n'amassent rien

Dans les greniers et votre Père céleste les nourrit »

E comme étoile

« Une étoile a brillé un soir d'hiver

Répandant la clarté sur cette terre »

L comme lumière

« Laisse la lumière briller

Tout autour de toi.

Laisse la lumière briller

Pour que les gens la voient »

INSTANTS DE GIVRE

Le paysage est si beau
Que je peine à trouver mes mots.
Le givre offre ses dentelles
À la ribambelle.
Dans le parc du Couloumé
La nature dans le blanc est figée.
Les oiseaux se cachent dans la haie :
L'hiver les effraie.
Le soleil se fraie un chemin
À travers les arbres du jardin.
Il vient nous réchauffer
En ces premiers jours de l'année.

LES OISEAUX DU CIEL

Mes voisines prennent soin
Des oiseaux du ciel.
L'hiver ils ont besoin
De graines au goût de miel.
Grâce à elles, ils n'auront point
Faim dans le froid démentiel.
Pour elles, ils célébreront l'oint
Avec les séraphins et leur vielle.

LE PAYS DU MATIN CALME

Au pays du matin calme
Les femmes vivront plus longtemps.
La Corée du Sud emporte la palme
Dans la poursuite du temps.
Comme vers l'occident un empalme
L'Asie s'élance en avant.
Au pays du matin calme
La vie se vit doucement
En écoutant l'oiseau des champs.

LE PIC-VERT

Le pic-vert aux couleurs somptueuses
Cherche sa nourriture.
Il rend notre matinée heureuse
À observer sa parure.
Ses plumes lumineuses
Habillent l'herbe de beauté sûre.
La chatte, voleuse,
Surveille, prête à la morsure,
Mais l'oiseau repère la gueuse
Et s'envole dans la nature.

SUCCESS-STORY

Au milieu des champs de maïs
Se dresse Nataïs
La campagne elle orne
Cette usine de pop-corn.
Leader européen
Elle donne du pain
À maints paysans
Grâce à son président.
Cette success-story
Offre au Gers une embellie.
Les oiseaux des champs
Célèbrent le gagnant.

LA TEMPÊTE ZEUS

La tempête Zeus a fait trembler
Les arbres : ils se sont couchés.
Le vent hurle et s'agite
Il décoiffe les gîtes
Les vagues montent à l'assaut
Tout va à vau-l'eau
Des victimes sont à déplorer
Tant la nature est déchaînée
Après trente ans, Dame pie
À perdu son nid.

LE PRINTEMPS

Les berges au printemps
Se parent de rose et de blanc.
Les petites pâquerettes
Dressent leurs têtes.
Les eaux vertes du Gers
Disent adieu à l'hiver
Les promeneurs, plus nombreux
Se saluent tout heureux
Les mots me viennent en marchant
Avec les oiseaux, en chantant.

LE MIMOSA

Le mimosa se cueille à foison

Le soleil est entré dans la maison.

Son parfum entêtant

Apporte le printemps.

L'hiver est chassé

Il lui a fait un pied de nez

L'oiseau s'est éveillé

Dans ce matin ressuscité.

COMME LES ISRAÉLITES

Comme les Israélites
J'ai erré quarante ans
Avant de retrouver le gîte
Après bien des tourments.
La peur, la colère me quittent
Un pauvre crie, le Seigneur l'entend.
Les oiseaux du ciel habitent
La terre, le Père les comprend.

LE PEUPLE MIGRATEUR

Dans le ciel, les oies
Se déploient.
Les oiseaux migrateurs
Volent en chœur.
Nous suivons des yeux
Leur vol gracieux.
Ont-ils propagé la grippe aviaire
Aux canards qui s'ébattaient sur l'aire ?

UNE PLUIE DE PÉTALES

Venant de l'arbre voisin
Une pluie de pétales
Enchante le jardin
Comme une mer étale
Elle s'invite en ce matin
Blanche et rose pâle.
Au creux de la haie, le merle coquin
Nous salue et s'installe.

LE CONCERT DES OISEAUX

Les oiseaux se réveillent de bon matin
Et célèbrent le jour avec entrain.
Je dis bonjour à ma tourterelle
Avant qu'elle ne s'envole à tire d'aile
Les merles picorent l'herbe du pré
Et la savourent, emperlée de rosée
Tous ces oiseaux offrent un concert
Et chantent la fin de l'hiver.

MES COMPAGNONS

Les oiseaux m'accompagnent tout le jour
Et chantent toujours.
Ils sont là lors de la promenade
Et rendent belle ma balade.
Quand vient le soir
Ils se perchent sur la mangeoire
La nuit, la chouette crie
Et me tient compagnie
Ce jour, mes compagnons
Bercent ma méditation.

LE PASSEREAU

Le passereau même
Trouve une maison.
Le Seigneur l'aime
Et veille sur son pinson.
L'hirondelle, près du chrysanthème
À bâti son nid avec raison
La grêle a beau jeter l'anathème
Les oiseaux s'abritent à tâtons.
Que ce petit poème
Célèbre leur nom !

LA COLOMBE

Me revient ce chant :

« L'hiver est là

Sur les toits

Et j'entends

La chorale des enfants :

Que la paix soit sur le monde

Pour les cent mille ans qui viennent.

Que tous les hommes redeviennent des enfants »

La colombe de l'Esprit Saint

M'emplit dès le matin

LE HÉRON CENDRE

Le héron cendré près de l'eau
Attend sa proie
Sa silhouette gracile offre un joli tableau
Sur l'horizon qui poudroie
D'un coup de bec élégant et beau
Il s'accorde un mets de choix
Puis il s'envole vers le bateau
Avec son aisance de roi.

LES CORBEAUX

Elie partit
Au bord du torrent
Là-bas, chaque midi
Des corbeaux, en volant
Lui apportaient des aliments frits
Et le soir revenaient en croassant
Ainsi Élie fut nourri
Consciencieusement
Et ne perdit pas la vie.

LE COUCOU

« Dans la forêt lointaine
On entend le coucou
Du haut de son grand chêne
Il répond au hibou
Coucou, hibou, coucou, hibou, coucou, coucou, coucou »
Avec les enfants, je chantais ce refrain
Dans le bois, quand soudain
Le coucou nous répondit plein de moquerie.
Les enfants criaient à tue-tête
Et le bois était en fête

L'ILE AUX OISEAUX

L'aigrette-garcette
Ainsi que la fauvette
Chantent à tue-tête
Elles parlent au cœur
De maint promeneur
Que quitte la peur
Dans l'île aux oiseaux
Leur chant si beau
Vient d'en Haut.

L'OISEAU M'A DIT

L'oiseau m'a dit :

J'ai juste à faire un nid

Le Père me nourrit.

Je n'amasse rien,

Je n'ai aucun bien,

J'ai à faire le lien

Entre l'homme et le ciel

Avec mon chant de miel

Dans une harmonie de vielle.

Oiseaux

4
OISEAUX (VERTÉBRÉS)
Les Oiseaux sont caractérisés par leurs plumes; ils sont classés en 6 familles, savoir:
RAPACES: Aigle, Épervier, Chouette.
GRIMPEURS: Pic, Perroquet, Torcol.
PASSEREAUX: Corbeau, Moineau, Bec-fin.
GALLINACÉS: Pigeon, Poule, Perdrix.
ÉCHASSIERS: Bécasse, Héron, Poule-d'eau.
PALMIPÈDES: Canard, Mouette, Plongeon.
ŒUF
Germe
Blanc
Chambre à air
Chalaze
Jaune
Coquille
NE DÉNICHEZ PAS
LES PETITS
OISEAUX
Ils nous sont utiles
PASSEREAU
MÉSANGE
Ne se nourrit que d'insectes; un couple de mésanges, pour nourrir ses petits, détruit environ 600 insectes par jour.
PASSEREAU
HIRONDELLE
Ces oiseaux dévorent des myriades de moucherons et autres petits insectes qui nous sont nuisibles.
RAPACE
CHOUETTE
Oiseau nocturne qui fait une chasse active aux rats, souris, loirs, mulots.
ÉCHASSIER
VANNEAU
Vit dans les plaines marécageuses, se nourrit surtout de larves d'insectes, de petits colimaçons et de limaces.
GRIMPEUR
PIC
Grimpe sur le tronc des arbres pour y chercher les insectes dont il se nourrit; ne creuse de trous que dans les arbres attaqués par les insectes.
Mobilier et Matériel pour l'Enseignement. — LES FILS D'ÉMILE DEYROLLE, 46, Rue du Bac, Paris 7e

CEUX QU'IL FAUT PROTÉGER

Éditeur :

Books on Demand GmbH

12/14, rond-point des Champs Élysées 75008 Paris www.bod.fr

Imprimé par Books on Demand GmbH, Norderstedt, Allemagne

ISBN : 9782322140367

Dépôt légal : mars 2017

Mise en page et corrections :

Pierre Léoutre

« Dialoguer en poésie »

Association « Le 122 »

15 rue Jules de Sardac 32700 Lectoure (Gers – France)

http://pierre.leoutre.free.fr

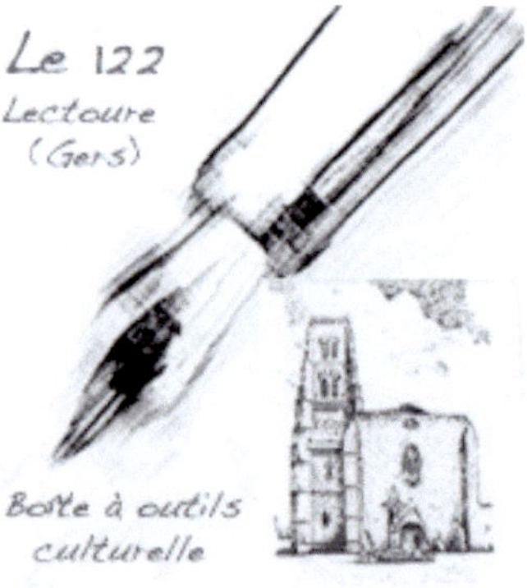